ALLOCUTION

Prononcée

Par M. l'abbé SELLIER

DOYEN DU CHAPITRE MÉTROPOLITAIN DE TOURS

ET VICAIRE GÉNÉRAL

A L'OCCASION DE LA PRISE D'HABIT

DE

Mlle Thérèse SALMON de MAISON-ROUGE

en religion sœur Carmen de Jésus

AU CARMEL DE LOURDES

LE 9 AOUT 1889

ALLOCUTION

Prononcée

Par M. l'abbé SELLIER

DOYEN DU CHAPITRE MÉTROPOLITAIN DE TOURS

ET VICAIRE GÉNÉRAL

A L'OCCASION DE LA PRISE D'HABIT

DE

Mlle THÉRÈSE SALMON DE MAISON-ROUGE

en religion sœur Carmen de Jésus

AU CARMEL DE LOURDES

LE 9 AOUT 1889

Audi filia, et vide, inclina aurem tuam obliviscere populum tuum et domum patris tui, et concupiscet Rex decorem tuum.

O ma fille, écoute ma voix, prête l'oreille à ma parole, oublie ton peuple et la maison de ton père, et le Roi sera épris de la beauté de ton âme. Ps. 44, 11.

MES CHÈRES SŒURS,

MA CHÈRE ENFANT,

De tous les états il n'en est pas de plus noble et de plus élevé, après le sacerdoce, que la vie religieuse. Tout, en effet, dans l'ordre hiérarchique établi par le Seigneur, révèle sa grandeur. Portez vos regards sur les diverses situations qu'occupent les êtres intelligents et vous remarquerez que, dans la création des anges et des hommes, Dieu a voulu réaliser un plan d'ensemble d'une sagesse infinie et que, dans la mystérieuse distribution des rôles, il existe ici-bas comme une image du Ciel.

Pénétrons un instant jusqu'au bienheureux séjour. Sur un trône de gloire, règne Celui qui a créé le monde, l'a racheté du péché et le sanctifie par sa grâce. Au pied de ce trône, les Chérubins et les Séraphins, brûlants d'amour et abîmés dans la contemplation des perfections divines, n'ont d'autre occupation que de chanter les louanges du Très-Haut et de faire entendre leur sanctus immortel. Tous les esprits célestes, avec eux, offrent au Seigneur leurs adorations et leurs hommages, mais il en est qui joignent l'action à la contemplation et qui ont pour mission de présider au gouvernement des

Églises, des Cités et des Empires, ou de protéger des individus. Sans perdre les joies de la vision beatifique, ils vivent au milieu de nous et nous accompagnent dans toutes nos voies.

Oh ! créature mortelle, que tes destinées sont grandes ! Sur notre terre d'exil, cette merveilleuse hiérarchie se retrouve. Sur l'autel catholique, je vois un trône glorieux, le tabernacle, où réside Jésus, le Dieu Rédempteur. C'est le prêtre, placé en quelque sorte au-dessus de toute hiérarchie qui, par sa parole toute puissante, l'a fait descendre du Ciel pour continuer et représenter le sacrifice de la croix.

Mais, au pied de ce tabernacle, il est des êtres privilégiés, vivants Séraphins, qui unissent leurs voix aux concerts angéliques et ont pour mission de chanter les louanges du Tout-Puissant. Ils élèvent vers le Ciel leurs ardentes supplications et font descendre sur les mortels les bénédictions divines, tandis que d'autres, selon leur vocation, se livrent à une vie mixte de prière et d'action et servent le Seigneur en suivant les voies générales et communes.

Se pourrait-il, ma chère enfant, que vous soyez l'une de ces âmes choisies, appelées par le Seigneur à faire partie de cette noble et séraphique phalange, qui représente ici-bas ce qu'il y a de plus élevé dans les cieux ? Oui, le Seigneur, dans sa miséricorde et sa bonté, a jeté les yeux sur vous, il vous a dit : O ma fille, écoute ma voix, oublie ton peuple et la maison de ton père, et moi, qui suis ton roi, je serai épris de la beauté de ton âme. Fidèle à cet appel, vous êtes venue dans ce pieux Carmel, et, après les épreuves du postulat, vous allez quitter les livrées du monde pour revêtir celles du Seigneur, dans l'Ordre de la séraphique Thérèse.

Laissez-moi, chère enfant, examiner le sens et la portée de ce grand acte. En y constatant les attentions paternelles de Dieu envers vous, et en vous montrant ce que la grâce a opéré dans votre cœur, pour vous amener à l'accomplissement de votre noble dessein, vous vous sentirez affermie dans votre sublime vocation, et vos vertueux parents seront heureux d'avoir, par un généreux consentement, aidé les intentions providentielles de Dieu à votre égard.

I

Quelle est, ma chère enfant, la nature du sacrifice que vous allez offrir au Seigneur ? Ce sacrifice est un acte d'obéissance, un acte de sagesse, un acte d'amour.

C'est d'abord un acte d'obéissance. Étudions un instant comment la volonté de Dieu s'est manifestée, par quelles voies mystérieuses il vous a appelée à lui, et je n'hésite pas à affirmer que cette volonté divine nous paraîtra évidente.

Il est des familles pour lesquelles Dieu a toujours montré une prédilection particulière. Elles doivent cette faveur à leur fidélité constante aux grands principes de la foi, aux vertus éminemment chrétiennes dont elles ont su conserver la pratique, au milieu d'un monde frivole et léger qui a trop oublié le Seigneur. Au nombre de ces familles bénies du Ciel, ne dois-je pas compter la vôtre, chère enfant ? Si j'interroge le passé, une sainte religieuse m'apparaît, sœur Pauline, votre grande tante, dont la mémoire est encore aujourd'hui vivante et vénérée parmi les vaillantes Filles de Saint Vincent-de-Paul. Beaucoup d'entre elles se souviennent que, durant de longues années, elle a exercé, avec un zèle qui ne s'est jamais démenti, les œuvres de la Charité dans la ville de Châlons, où elle est morte, il y a dix ans à peine, riche d'années et de vertus.

Heureuse famille ! les dévouements religieux devaient s'y perpétuer. Deux sœurs de votre mère sont encore enrôlées sous la noble bannière des Filles de Saint Vincent, l'une à Vitry-le-François, où sa santé altérée l'a contrainte de se retirer, après avoir rempli pendant dix ans, à Constantine, sous le brûlant climat d'Afrique, les fonctions de supérieure. L'autre, en ce moment au Brésil, est l'âme de sa communauté, dont elle semble destinée à prendre la première place.

Je ne m'étonne plus des sentiments admirables manifestés par votre bonne mère, lorsque, pour la première fois, vous lui avez confié les aspirations de votre âme. On serait tenté de supposer que, malgré l'immensité du sacrifice imposé à son cœur maternel, votre vocation répondait à ses secrets désirs et que Dieu ne fait en ce jour qu'exaucer des vœux formés depuis longtemps, dans des vues toutes surnaturelles, pour votre bonheur.

Mais Dieu vous préparait lui-même. Lorsqu'il se réserve une âme pour la vie du cloître, il la forme, il la travaille avec un soin jaloux et un amour tout paternel. En elle, il dépose les germes féconds des vertus qu'elle devra pratiquer pour son honneur et pour sa gloire. Il la prédispose au recueillement, à l'esprit d'oraison; il lui fait goûter, pour l'attirer à lui, les plus douces consolations dans la pratique de la piété chrétienne ; enfin, pour elle, il y a des grâces de choix, des lumières plus vives, des attraits plus puissants qui, déjà, deviennent une manifestation plus claire de sa volonté sainte.

Dieu en a agi ainsi pour vous, chère enfant. Vous les avez éprouvés ces attraits mystérieux de la grâce, ils se sont montrés dès l'aurore de votre vie, jusque dans la naïveté de vos jeux d'enfance, où vous aimiez à remplir, au milieu de vos sœurs, le rôle de Carmélite, obéissant déjà, sans doute à votre insu, à l'appel du Dieu qui, pour marquer ses intentions, avait inspiré à vos pieux parents de vous donner au baptême les noms de Thérèse et de Carmel. Ces attraits divins, vous les avez ressentis, dans l'amour de la prière et de la contemplation, dans les douces émotions que donne au cœur l'Eucharistie, dans ces communions ferventes, où le

Seigneur se révélait à vous et illuminait votre âme de célestes clartés. Aussi, quand sa voix s'est fait entendre et vous a dit : O mon enfant, écoute et vois ce que je te propose, prête à mes paroles une oreille attentive, oublie ton peuple et abandonne la maison de ton père, sans hésiter, vous avez obéi et vous êtes venue ici solliciter la faveur d'être admise au nombre des épouses de Jésus-Christ.

II

Vous avez obéi, chère enfant, eh ! bien, réjouissez-vous, car je puis vous dire, au nom de Dieu, que cet acte d'obéissance est aussi un acte de haute sagesse.

Il est sage, celui qui sait diriger son cœur et ses désirs vers ce qui est de nature à le perfectionner et à le conduire à son véritable but. Hélas ! combien, oublieux de ce principe, tournent leurs regards vers la terre, compromettant ainsi leur bonheur ici-bas et surtout leur avenir éternel !

Trois choses, en effet, je devrais dire trois apparences, ont en ce monde le don d'attirer les cœurs : le plaisir, par les satisfactions qu'il promet, la richesse, qui semble devoir combler le désir de posséder inné en nous, enfin les honneurs, dont la recherche a pour but d'éteindre dans l'homme sa soif naturelle de distinctions et de gloire. Mais ces attraits sont-ils capables, dans leur réalisation, de nous procurer le bonheur ? Sont-ils capables surtout, de perfectionner nos âmes ? Non, il faudrait pour le croire méconnaître notre divine origine. Toutes les âmes, dit saint Thomas, le docteur angélique, sont grandes et royales, toutes par conséquent ont de nobles aspirations.

Nous ne saurions nous en étonner. Dieu, en les créant à son image et à sa ressemblance, a déposé en elles un germe de ses perfections infinies ; en les faisant spirituelles, il leur a donné l'immortalité. En raison de ce mode de création, l'âme comprend la grandeur de sa nature et la noblesse de sa destinée. Semblable à la fleur qui, trouvant sa vie et son éclat dans la lumière et la chaleur, se tourne instinctivement vers le soleil, l'âme éprouve un besoin impérieux, irrésistible de vivre de sa véritable vie, de la perfectionner, en développant en elle ces germes divins que le Créateur y a déposés, et jusqu'à ce qu'elle soit arrivée à respirer librement dans cette atmosphère spirituelle, qui est son élément et la source de sa perfection, elle souffre et sent en elle un vide immense que rien, en dehors de Dieu, ne saurait combler.

Non, encore une fois, les joies et les plaisirs de la terre, les richesses qu'elle nous offre, les honneurs qu'elle nous propose, pâles et mensongères images de ce que le Seigneur nous réserve, n'ont jamais eu le pouvoir de rendre l'homme heureux. Une triste expérience est là également pour nous dire que, bien loin de le perfectionner, ces attraits font naître en lui des passions qui trop souvent l'abaissent et le dégradent.

Vous avez compris, chère enfant, l'inanité des promesses de la terre, et Dieu qui vous voulait à lui, vous a inspiré une détermination pleine de sagesse. Et cependant, les joies du monde, dans ce qu'elles ont de pur et d'innocent, vous les avez goûtées au sein de votre famille; la richesse, vous étiez appelée à la posséder un jour; les honneurs, vous pouviez légitimement y prétendre. Vos ancêtres, en effet, ont eu leur illustration ; le nom des Salmon, souche des de Boisgrolau et de Maison-Rouge, nous apparait au XVe et XVIe siècles dans les Assemblées de la noblesse d'Anjou, entouré d'estime et de considération. Tous, dans la suite des temps, se sont fait remarquer par les services éminents rendus dans l'armée, la magistrature, l'agriculture et l'industrie. L'un d'eux était le savant Jean Salmon (1), précepteur des enfants du duc de Savoie, et qui fut l'ami du cardinal du Bellay.

Nous ne sommes pas surpris de voir leur alliance recherchée ou accueillie par les plus anciennes familles de la région, en Anjou, dans le Maine et la Touraine, les de Villeneuve, de Rochefort, d'Aubigné, de Vonne, Mignon, de Martigny,

---

(1) *Salmonicus Macrinus*, surnom qui lui avait été donné par François Ier à cause de sa maigreur.

Butet de Saché, Estave, de Causans, de Boissimon.

Il en est de même des de Chambeaudrie, alliés à de vieilles familles de Touraine et du Berry, telles que les d'Auvergne, de Montenay, de Maussabré, Bonnay, Belleau, dont nous voyons ici plusieurs représentants, et qui, toutes, sont plus illustres encore par leur esprit chrétien et leurs vertus que par leur nom. Il vous était donc permis de compter sur un avenir brillant et sur une existence justement honorée au milieu du monde.

Mais vos pensées s'élevaient plus haut. Guidée par l'éternelle sagesse, vous avez écouté la voix de votre Dieu et choisi la vie austère de la pénitence, de la pauvreté et de l'humilité. Prédestinée au Carmel, les paroles de Thérèse avide de mortification et de souffrance, ont résonné à votre oreille : Seigneur, si mon exil doit encore se prolonger sur la terre, accordez-moi de souffrir pour vous autant que je vivrai : *Aut pati, aut mori.* Alors, vous avez courageusement franchi le seuil du monastère, persuadée que vous y trouveriez avec surabondance, outre la perfection de votre âme, les joies inénarrables que goûte le cœur religieux dans la recherche de Dieu seul, et les richesses spirituelles accordées à ceux qui ont pris le Seigneur pour la part de leur héritage.

III

Mais, ma chère enfant, l'acte de votre entrée en religion est surtout un acte d'amour.

L'apôtre saint Paul a dit une parole qui, dans la circonstance, rend complètement notre pensée : *Quos præscivit, et prædes-*

tinavit conformes fieri imagini filii sui : Tous ceux que, dans sa prescience, Dieu a choisis, il les a prédestinés à être conformes à l'image de son Fils bien-aimé.

Or, contemplons, un instant, le Verbe incarné, Jésus notre Sauveur, son amour nous dira éloquemment quel doit être le nôtre. Un jour, jour vivement attendu et désiré par l'humanité déchue, il a consenti par amour pour son Père et pour nous, à descendre des splendeurs de sa gloire, à revêtir une chair mortelle, pour vivre de notre vie, souffrir de nos douleurs. N'est-ce pas là l'amour de préférence en faveur de l'homme malheur eux et coupable ? Jésus refuse, en effet, à sa pure et sainte humanité la gloire qui lui est due, pour la livrer aux humiliations de la crèche et de la vie cachée, lui préférant ainsi la créature infidèle qu'il vient régénérer pour l'élever jusqu'à lui.

Mais, ce n'est encore que le premier degré de l'amour. Quand on aime, on le prouve en se sacrifiant, s'il le faut, pour l'objet aimé. Un père trouve du bonheur à se dévouer pour les siens, il ne compte pour rien son labeur et ses souffrances, si par là il peut leur épargner quelque douleur. Une mère, dont le cœur renferme les plus riches trésors de l'amour généreux, se jette volontiers au devant du péril et expose avec joie ses jours pour sauver son enfant. On a vu des amis se sacrifier pour leurs amis; enfin, le soldat meurt courageusement pour son pays, et, lorsque blessé sur le champ de bataille, il sent la vie lui échapper, il est heureux de penser que son sang répandu contribuera au salut et à la gloire de sa patrie.

Cet amour de sacrifice, qui nous l'a mieux témoigné que Jésus? Non, il ne s'est pas contenté de prendre notre nature pour vivre au milieu de nous, de dépenser ses forces dans les travaux de son pénible aspostolat, il a voulu s'immoler pour ceux qu'il aimait; son sang divin a coulé dans la sueur miraculeuse du jardin des Oliviers, sous les fouets de la flagellation, dans le couronnement d'épines et le crucifiement; il l'a répandu jusqu'à la dernière goutte, qui a jailli de son cœur percé par la lance du soldat.

O amour de mon Jésus, tu n'es pas encore satisfait! Le dernier degré de l'amour, c'est l'union, Jésus devait le franchir. C'est pour s'unir à sa pauvre et faible créature que, par une admirable invention de sa tendresse, il institue la divine Eucharistie. Sous la forme du pain et du vin, aliments qui, à leur état naturel, se changent en notre chair et en notre sang, il nous donne son corps à manger et son sang à boire, et unit sa divinité à notre humanité pour la sanctifier, son âme à notre âme pour lui communiquer ses sentiments et ses vertus, de telle sorte que, dans l'extase de sa reconnaissance, le chrétien qui a reçu son Dieu peut s'écrier avec le grand Apôtre : *Vivo jam non ego, vivit vero in me Christus* : Je vis, mais non, ce n'est plus moi qui vis, c'est Jésus-Christ qui vit en moi.

Mes bien chères sœurs, vous qui, depuis des années déjà, vivez dans ce cloître béni, c'est là ce que vous avez fait. Ce triple amour vous l'avez témoigné à votre Dieu. C'est là ce que va faire, dans quelques instants, cette nouvelle fille de sainte Thérèse, si heureuse aujourd'hui de son admission dans la maison du Seigneur.

Oui, chère enfant, dans votre cœur brûlant d'amour, vous avez donné à Dieu la préférence. Fidèle à l'invitation forte et tendre qu'il vous adressait, vous avez généreusement quitté votre peuple, abandonné la maison de votre père, quoi qu'il pût vous en coûter de briser ces liens si légitimes et si doux.

Désormais, pour imiter votre divin modèle, vous le suivrez dans la voie du sacrifice; la mortification et les austérités seront votre partage, et vous les affronterez avec amour, car elles seront unies à celles du Sauveur et auront le même but, celui d'expier pour les pauvres pécheurs et de faire descendre les miséricordes divines sur le monde ingrat et coupable.

Désormais, votre vie sera une vie d'union avec Jésus, et votre cœur répondant largement à ce troisième degré de l'amour divin, y trouvera, avec un accroissement successif de perfection, les plus ineffables consolations. Mieux qu'à ceux qui vivent dans le siècle, le Dieu de l'Eucharistie se communique aux âmes religieuses et se montre généreux dans ses dons. Pour elles, il y a des lumières plus vives, des influences plus fortes, un attrait pour la vertu plus irrésistible. Dans cette union intime, la divinité se fait sentir et perfectionne la volonté, les désirs, les affections, de telle sorte que la vie de Jésus-Christ les anime et les transforme. Alors, le cœur n'a plus d'autre volonté que celle de Dieu, méprise les biens terrestres pour n'aspirer qu'à ceux du ciel; il n'a d'autre amour que celui qui seul est digne et capable de le remplir.

Mais je ne veux pas, par de trop longs discours, retarder votre bonheur et le pieux empressement de votre offrande. Allez donc, chère enfant, quitter ces vêtements d'un monde auquel vous dites si joyeusement adieu, pour vous couvrir des saintes livrées du Carmel. Allez et goûtez dans le cloître combien le

Seigneur est doux et son fardeau léger.

Pour nous qui connaissons les ardentes aspirations de votre cœur, nous sommes tous heureux avec vous. Vos bons parents, eux-mêmes, malgré la grandeur du sacrifice qu'ils font au Seigneur et les tristesses inévitables de la séparation, trouvent dans leur esprit si profondément chrétien la force de se réjouir de votre félicité. Ils savent qu'ils auront devant Dieu une part de vos mérites, que, dans le cloître, vous serez plus encore que vos ancêtres l'honneur de votre maison, car ce sont les bénédictions du Ciel que vous attirerez sur elle.

Pieuse épouse de Jésus, courage et confiance, la Vierge de Lourdes, qui vous a conduite à son Carmel béni, vous traitera comme son enfant bien-aimée. Courage et confiance, car vous aurez pour vous soutenir, les conseils pleins de sagesse du digne vicaire général, qui gouverne cette communauté avec une si paternelle sollicitude, ainsi que ceux du vertueux aumônier à qui est confiée la direction spirituelle des âmes. Autour de vous, dans cet asile sacré, vous trouverez des mères et des sœurs, dont vous avez déjà apprécié les hautes vertus, qui vous entoureront de leur dévouement et de leur affection. Sous leur regard et avec l'aide de Dieu, vous vous préparerez dans la pratique de la pauvreté, de la chasteté et de l'obéissance, à ce triple renoncement qui fait l'objet des vœux de religion, vœux, nous l'espérons bien, que vous aurez plus tard le bonheur de prononcer après les épreuves du noviciat.

Puisse, chère enfant, la Vierge Immaculée de Lourdes, bénir votre vie religieuse à son aurore, dans sa continuation et dans son achèvement; puisse-t-elle un jour, au terme de votre course, vous conduire elle-même de la montagne du Carmel à cette autre montagne de la céleste Sion, où les Vierges fidèles auront le privilège de suivre l'agneau partout où il ira !

Ainsi soit-il.

Tours. — Imp. E. Mazereau.

www.ingramcontent.com/pod-product-compliance
Ingram Content Group UK Ltd.
Pitfield, Milton Keynes, MK11 3LW, UK
UKHW021038260726
13994UKWH00005B/2239